AF509666

PHILANTHROPIE

ET

REPENTIR

VAUDEVILLE EN UN ACTE,

PAR

M. JULES ADENIS

PRÉSENTÉ POUR LA PREMIÈRE FOIS, A PARIS, SUR LE THÉATRE DES VARIÉTÉS, LE 25 AVRIL 1855.

DISTRIBUTION DE LA PIÈCE.

MAX COUSSINET, célibataire.	MM. CHARLES PÉREY.
HILDEBERT, neveu de madame Lahire .	KOPP.
MADAME LAHIRE, propriétaire à Asnières	Mme GÉNOT.
NATHALIE, sa fille	Mlles MARIE.
LORENTINE, sa bonne	ESTHER.

(A Asnières, de nos jours.)

PHILANTHROPIE ET REPENTIR.

◦-◦❡◦-◦

UN SALON DE CAMPAGNE.

Au fond, porte donnant sur le jardin. — Une autre porte au fond, à
droite de celle-ci. — A droite et à gauche, 3ᵉ plan, deux portes
conduisant : celle de gauche, à la chambre de Childebert; celle de
droite, à la chambre de madame Lahire. — Une console adossée
au mur du fond, à gauche. — Sur cette console, des vases. — Au
premier plan, à gauche, une fenêtre ouvrant sur le jardin. — A
droite, sur le devant, un guéridon avec corbeille à ouvrage et son-
nette. — Fauteuils, chaises, tableaux, etc.

SCÈNE I.

MADAME LAHIRE, seule, en négligé du matin.

(Au lever du rideau, elle sort de la chambre à droite et va frapper
à la porte de gauche. — Appelant.)

Childebert?... il est sept heures !... il est temps de vous le-ver !... (Ecoutant.) Hein?... Childebert, m'entendez-vous ?... (Elle frappe plus fort.) Vous savez que c'est aujourd'hui lundi, et si vous voulez trouver ce chef de division avant qu'il ait quitté Asnières pour aller à son ministère, vous n'avez pas trop de temps ? (Elle écoute.) Comment?... rien?... ce silence m'inquiète. (Elle entrouvre la porte et la referme vivement.) Qu'allais-je faire?... Une femme, jeune encore, entrer ainsi chez un homme... plus jeune encore... (Avec force.) Mais ce jeune homme est mon neveu... puisqu'il était le neveu de mon mari... il sera bientôt mon gendre... (Avec sentiment.) et une mère, une tendre mère... (Soupirant.) Oh ! oui ! (Mettant la main sur son cœur, regardant autour d'elle et baissant la voix.) Ah! Childebert ! ingrat!... tu ne sauras jamais ce que je cachais là pour toi ! (Avec emportement et frappant à grands coups de poing sur la porte.) Ah ça, mais, sapristi ! c'est impatientant, à la fin ! (Ecoutant.) Rien encore ? tant pis, je me risque. (Elle ouvre vivement la porte et appelle.) Childebert?... Comment? personne... déjà parti!... qu'est-ce que cela signifie ? (Elle va au guéridon et sonne.) Vous verrez qu'il sera encore allé à la pêche!... (Appelant.) Florentine?... eh bien ! viendra-t-elle ? (Sonnant et appelant.) Florentine? Florentine?

SCÈNE II.

FLORENTINE, accourant effarée et hors d'haleine, par le fond,
MADAME LAHIRE.

FLORENTINE.

Ah ! madame, si vous saviez !...

MADAME LAHIRE.

Quoi ?... quoi donc ?

FLORENTINE.

Ah ! si vous saviez, madame !... j'en tremble encore, et j'ai les jambes... (Se laissant tomber sur une chaise à gauche.)

MADAME LAHIRE.

Mais quoi, quoi, quoi?... Est-ce que le feu est à la maison?

FLORENTINE.

Ah ben oui, le feu... c'est l'eau, la rivière... M. Childebert...

MADAME LAHIRE.

La rivière !... mon neveu !... malheureuse !... Il s'est noyé ! Ah ! (Elle tombe sur la chaise près du guéridon.)

FLORENTINE, assise.

Pas tout-à-fait, madame, pas tout-à-fait... mais paraît qu'il ne s'en fallait pas d'un demi-litre.

MADAME LAHIRE, assise.

Ah ! mon Dieu !

FLORENTINE, se levant.

Paraît donc que ce matin il est parti dès le patron-minette pour la pêche et qu'il a sauvé un jeune monsieur... Je les ai rencontrés comme j'allais chez l'épicier. M. Childebert rapporte le monsieur sur son dos, et j'accourais dar dar vous dire ça !

MADAME LAHIRE, avec joie, et se levant.

Il serait possible !... Childebert !... il a sauvé un homme !

FLORENTINE.

Ils sont trempés, faut voir !

MADAME LAHIRE.

Vite, alors, vite !... Florentine, une bassinoire ! qu'on bassine tous les lits... courez !

FLORENTINE, remontant.

Oui, madame.

MADAME LAHIRE. *

Ah ! préparez du vin chaud?

FLORENTINE, revenant.

Oui, madame. (Elle remonte.)

MADAME LAHIRE.

Ah ! avec du sucre.

FLORENTINE.

Oui, madame. (Elle sort par la porte du fond, à droite.)

MADAME LAHIRE, remontant.

Dans la bassinoire aussi !

FLORENTINE, criant du dehors.

Oui, madame.

SCÈNE III.

MADAME LAHIRE, puis NATHALIE, puis FLORENTINE.

MADAME LAHIRE, seule.

Elle m'a fait une peur !... Et Nathalie, ma fille, sa prétendue,

* Madame Lahire, Florentine.

qui ne se doute pas... Quel coup pour elle, si j'en juge par l'état de mon pauvre cœur !

NATHALIE, entrant par le fond, en négligé également. *

Mon Dieu ! qu'y a-t-il donc, maman ? que se passe-t-il ?

MADAME LAHIRE.

Ah ! mon enfant, si tu savais... ton cousin qui a manqué de se noyer !

NATHALIE, tranquillement.

Childebert ? là, j'étais sûre que ça lui arriverait quelque jour avec sa passion pour la pêche. (Elle s'assied près du guéridon, prend une broderie et travaille.)

MADAME LAHIRE.

Comment ! mademoiselle, vous n'êtes pas plus émotionnée que cela quand il s'agit de votre prétendu ?

NATHALIEr

Mais, maman, puisque vous me dites qu'il a manqué...

MADAME LAHIRE.

Ah ! vous êtes bien froide pour lui, ma fille !

FLORENTINE, rentrant par la porte du fond, à droite,
avec la bassinoire.**

V'là la bassinoire.

MADAME LAHIRE, lui indiquant la chambre de gauche.

Là d'abord, Florentine. (Florentine sort par la gauche. — A sa fille.) Après une si belle action !... car, tu ne sais pas, il a sauvé un homme.

NATHALIE, se levant.

Childebert ?... quoi ! vraiment ?

(Childebert paraît au fond avec Ajax.)

MADAME LAHIRE.

Tiens, les voici.

SCÈNE IV.

MADAME LAHIRE, CHILDEBERT, portant Ajax en bon vinaigre, NATHALIE.

(L'Orchestre joue l'air : *Tous les méchants sont buveurs d'eau.*)

MADAME LAHIRE, à Childebert.

Ah ! mon ami, quel courage ! quel beau trait ! (montrant la porte de gauche.) Vite, dans ta chambre... Florentine, bassine le lit... entrez vite.

(Childebert porte Ajax dans la chambre de gauche.)

SCÈNE V.

MADAME LAHIRE, NATHALIE, puis FLORENTINE, puis CHILDEBERT.

NATHALIE, qui examine Ajax, à part.

Oh ! mon Dieu ! ce jeune homme... comme il ressemble à celui...

* Madame Lahire, Nathalie.
** Madame Lahire, Florentine, Nathalie.

MADAME LAHIRE.

Hein?... ma fille, quel tableau !... ça rappelle celui du pieux Enée sauvant le vieil Anchise, n'est-ce pas ?

NATHALIE, préoccupée.

Oui, maman. (A elle-même.) Si c'était lui !

MADAME LAHIRE.

Comment ?... lui... Anchise ? Ah ça, qu'avez-vous donc, mademoiselle ?

NATHALIE.

Rien, maman, rien du tout.

(Florentine sort de la chambre de gauche avec sa bassinoire.)

MADAME LAHIRE, vivement. *

Ah! Florentine, dans ma chambre maintenant. (Elle la conduit à la chambre de droite.)

FLORENTINE.

Oui, madame. (Elle entre à droite.)

MADAME LAHIRE, revenant, à Nathalie.**

Vous n'avez pas même trouvé un mot, un seul mot d'éloges pour ce brave Childebert? Ah! tenez, vous êtes bien froide pour lui !

NATHALIE, préoccupée.

Oui, maman.

CHILDEBERT, sortant à son tour de la chambre de gauche,
en grelottant. ***

Brrr... brrr... bonjour, ma tante... brrr... bonjour, ma cousine.

MADAME LAHIRE.

Pauvre ami !... dans quel état !... va vite te réchauffer et changer de tout... là, dans ma chambre. (Elle indique la droite.)

CHILDEBERT.

Oui, ma tante... brrr... oui, ma bonne tante... brrr.

NATHALIE, le retenant.

Et ce jeune homme, comment va-t-il?

CHILDEBERT.

Pas mal, merci ! et vous ?... Il a déjà ouvert un œil, avec lequel il m'a lancé un premier regard de reconnaissance... ce ne sera rien.

MADAME LAHIRE.

Bien... bien... tu vas te glacer.

FLORENTINE, rentrant par la droite, sa bassinoire à la main.****

Là.

MADAME LAHIRE.

Vite, Florentine ! le vin chaud maintenant ?

(Florentine sort par la porte du fond, à droite.)

* Madame Lahire, Florentine, Nathalie.
** Nathalie madame, Lahire.
*** Nathalie, Childebert, madame Lahire.
**** Nathalie, Childebert, madame Lahire, Florentine.

CHILDEBERT, remontant. *

Du vin ? oh ! oui, je ne serais pas fâché de mettre un peu d'eau dans mon... c'est-à-dire un peu de vin dans mon eau... et chaud surtout !

MADAME LAHIRE.

Va ! va !

ENSEMBLE.

Air :

MADAME LAHIRE.	CHILDEBERT.
Rentre chez toi, je te l'ordonne,	Je rentre, puisqu'on me l'ordonne,
Pour ton bien, tu dois obéir.	Pour mon bien je dois obéir.
Tu sais pour toi si je suis bonne...	Quand, pour moi, vous êtes si bonne
Ah ! ne m'en fais pas repentir.	Je ne veux pas vous refroidir.

NATHALIE.

Rentrez, ma mère vous l'ordonne,
A son ordre il faut obéir.
Vous savez combien elle est bonne.
Ne l'en faites pas repentir.

(Childebert sort par la droite.)

SCÈNE VI.

NATHALIE, FLORENTINE, MADAME LAHIRE.

FLORENTINE, rentrant par le fond, à droite, avec un plateau sur lequel il y a deux verres de vin chaud et un sucrier.

V'là le vin chaud, madame.

MADAME LAHIRE.

Bien ! (Prenant un verre.) je donnerai ce verre à Childebert... Est-ce assez sucré ? (Elle goûte.) Pas trop... (Elle met du sucre dans le verre qu'elle tient.) Portez l'autre à ce monsieur.

NATHALIE, arrêtant Florentine.

Attendez, Florentine. (Elle met du sucre dans le verre que porte Florentine. — Bas.) Tu sais bien, le jeune homme dont je t'ai parlé... qui demeurait en face du pensionnat ?

FLORENTINE, bas.

Oui, oui.

NATHALIE, de même.

Eh bien, je crois que c'est lui.

FLORENTINE, de même.

Pas possible !

MADAME LAHIRE, qui goûtait le vin.

Là, parfait !... Eh bien ! Florentine ? (Elle pose le verre sur le guéridon.)

FLORENTINE.

Je m'en vais, madame.

(Elle entre dans la chambre à gauche.)

* Nathalie, madame Lahire, Childebert.

MADAME LAHIRE, à Nathalie.*

Et vous, Nathalie, vous ne pouvez rester ainsi... maintenant surtout qu'il y a un étranger dans la maison. Moi-même, je dois être horrible. Allez vous habiller, ma fille, allez !

NATHALIE.

Oui, maman.

FLORENTINE, sortant de la chambre, à gauche, et venant
à madame Lahire. **

Madame, ce monsieur m'a dit qu'il était très-sensible, et qu'il allait venir vous faire ses remerciements. (Elle passe à gauche.)

MADAME LAHIRE.***

Fort bien ! (A Nathalie qui vient à elle.) Tu entends, il va venir.

ENSEMBLE.

Air de *la loi Salique.*

NATHALIE, à part.

Vite, à ma toilette...
Pour moi, quel espoir !
Quand je serai prête,
Je viendrai le voir.

MADAME LAHIRE ET FLORENTINE.

A votre toilette...
C'est votre devoir.
Vite qu'on s'apprête
A le recevoir.

(Nathalie et Florentine sortent par le fond.)

SCÉNE VII.

MADAME LAHIRE, puis CHILDEBERT, puis FLORENTINE.

MADAME LAHIRE, seule, s'approchant de la chambre, à droite ;
elle a repris le verre de vin chaud sur le guéridon.

Childebert, peut-on entrer ?

CHILDEBERT, en dehors, criant.

Non, ba tante, non. (Il éternue.)

MADAME LAHIRE, à elle-même.

Pauvre garçon ! il s'est enrhumé... Tenez, buvez cela. (Elle lui passe le verre par la porte entr'ouverte.)

CHILDEBERT, en dehors.

Berci, ba belle tante, berci. (Il éternue.)

MADAME LAHIRE.

Mon Dieu, comme vous éternuez ?

* Nathalie, madame Lahire.
** Nathalie, Florentine, madame Lahire.
*** Florentine, Nathalie, madame Lahire.

CHILDEBERT, en dehors.

Bais oui... je be serai beut-être enrhubé dans l'eau.

MADAME LAHIRE.

Habillez-vous chaudement alors.

CHILDEBERT, en dehors.

Mais je beux pas. Ce bonsieur est dans ba chambre, et je suis dans la bôtre ?

MADAME LAHIRE.

Eh bien ?

CHILDEBERT, en dehors.

Je n'ai bas bes habits.

MADAME LAHIRE.

Ah ! c'est juste... Attendez. (Appelant.) Florentine ? Florentine ?

FLORENTINE, entrant par la porte du fond, à droite.*

Madame ?

MADAME LAHIRE.

Les habits de mon neveu ?

FLORENTINE.

Ils sont dans sa chambre... mais ce monsieur qui y est, m'a demandé à se mettre dedans.

CHILDEBERT, en dehors.

Ah ! diable !

FLORENTINE.

Dame...

MADAME LAHIRE.

Il suffit... Allez. (Florentine sort par la porte du fond à droite. — S'adressant à Childebert.) Vous avez entendu ?

CHILDEBERT, en dehors.

Oui, ba tante, bais j'ai une idée. Ba cousine est-elle là ?

MADAME LAHIRE.

Non, mon ami.

CHILDEBERT en dehors.

Alors, je vais paraître en douillette.

MADAME LAHIRE, scandalisée.

Comment ?... comment ?... mais non ! y pensez-vous ?

CHILDEBERT, criant du dehors.

Rassurez-bous... ba bise est décente dans toute l'acception du mot.

MADAME LAHIRE, à elle-même.

Qu'est-ce qu'il dit ?... qu'est-ce qu'il dit ?

CHILDEBERT, sortant de la porte de droite.

On y va !... on y va ! (Il porte une douillette de soie puce. Son nez est rouge. Il passe à gauche.)

MADAME LAHIRE, riant**

Ah ! ah ! a-t-on jamais vu !... Grand enfant! va.

* Madame Lahire, Florentine.
* Childebert, madame Lahire.

CHILDEBERT.

Hein ? ma belle tante... Je suis gentil comme ça... Je dois ressembler à feu mon oncle.

MADAME LAHIRE.

Childebert ! vous feriez bien mieux de m'apprendre quel vertigo vous a pris de partir à cinq heures du matin.

CHILDEBERT.

Ah ! voilà bien les femmes ! voilà bien les tantes ! elles commencent par gronder, au lieu d'aller au fond des choses.

MADAME LAHIRE, avec ironie.

Vous y allez, vous, malheureusement... au fond !

CHILDEBERT, riant.

Ah ! ah ! c'est une facétie... enfin, je vous la passe. Vos remords vous puniront assez quand vous saurez que c'était pour pêcher un poisson quelconque, et l'offrir cuit à ma cousine... Entre futurs époux les petits poissons entretiennent l'amitié... seulement, à la place du roi des fleuves, j'ai pêché un homme et un rhume de cerveau ! Je ne puis les offrir... cuits à ma cousine, c'est vrai... d'accord ! mais je puis lui faire hommage de cet acte de haute philanthropie, et j'ose croire qu'elle en acceptera la dédicace.

MADAME LAHIRE.

Certainement, mais comment tout cela est-il arrivé ?

CHILDEBERT, se posant.

Pour lors donc, j'avais lancé ma ligne de fond, et j'étais de là... (Il se baisse et fait le geste de tirer à lui.) depuis sept quart d'heure...

MADAME LAHIRE, avec ironie.

Ça devait être amusant !

CHILDEBERT.

Amusant !... Oh ! Dieu ! je crois bien ! j'y serais encore sans une forte secousse que je ressentis... « Ça a mordu, m'exclamai-je !... j'en ai piqué un gros ! » je tire... prudemment... comme ça... et j'amène quoi ?... une main !

MADAME LAHIRE.

Oh !

CHILDEBERT.

Naturellement... généreusement... machinalement... comme vous voudrez... je saisis ma canne à corne de cerf pour accrocher la main et tirer à moi... point... C'est elle qui m'attire à elle ou plutôt à lui, car c'était lui.

MADAME LAHIRE.

Le jeune homme ?

CHILDEBERT.

Je tire... il tire... je trébuche... et ploff ! vous voyez d'ici le tableau.

MADAME LAHIRE.

Ah ! Dieu ! si je le vois !

CHILDEBERT.

Heureusement il y avait pied... la berge était à deux pas...
et voilà... c'est tout bonnement un acte à médaille.

Air : Mon cœur brûle de mille flammes. (CORDE SENSIBLE.)

Je me suis bien montré, je pense ;
Mais je n'ai pas l'intention
De briguer quelque récompense,
Pour prix de ma belle action.
Une médaille, c'est superbe !
Les avantages en sont clairs...
Mais je crains aussi le proverbe : } *bis.*
Pas de médaile... sans revers !

Avec tout ça j'ai perdu ma ligne et ma canne... à corne de cerf.

MADAME LAHIRE.

Sans compter que tes intérêts peuvent en souffrir, mon ami.

CHILDEBERT.

Comment ?

MADAME LAHIRE.

Tu ne feras pas encore aujourd'hui ta visite à notre voisin
qui doit appuyer ta demande pour cette place de receveur ?

CHILDEBERT.

J'ai encore le temps d'ici au déjeûner. Je vais faire seller
Antilope, et, en un quart d'heure, j'arrive chez mon homme.
Je préparerai une lettre dans le cas où il serait déjà parti.

MADAME LAHIRE.

A la bonne heure.

CHILDEBERT.

Il s'agirait seulement de m'habiller... et ce monsieur qui est
dans mes habits !

MADAME LAHIRE.

Je vais dire à Florentine de faire sécher ceux que tu viens
te quitter. (Elle remonte un peu.)

CHILDEBERT.

C'est cela. Ah ! surtout, ne laissez pas descendre ma cousine
avant que je sois bichonné et habillé en homme ? (Se regardant.)
Je craindrais pour ma dignité à ses yeux de future épouse.

MADAME LAHIRE.

Sois tranquille ; mais tâche de partir le plus tôt possible.

ENSEMBLE.

Air : Vous pouvez soupirer. (Marco-Spada.)

CHILDEBERT.	MADAME LAHIRE
Oui, je vais à l'instant	Il vous faut à l'instant
M'habiller en amant ;	Changer de vétement ;
Quand je serai bien,	Quand vous serez bien,
Je ne craindrai rien.	Vous ne craindrez rien !
Pour plaire, il faut bien	Pour plaire, il faut bien
Ne négliger rien !	Ne négliger rien !

(Madame Lahire sort par le fond.)

SCÈNE VIII.

CHILDEBERT, seul, avec un enthousiasme comique.

Mon Dieu !... à part ma ligne de fond et ma canne à corne de cerf, perdues corps et bien... mon Dieu ! que c'est beau la philanthropie ! sauveter son semblable... et se dire apres'! Il est là dans ma chambre, dans mes habits, dans mon vin chaud. (Se reprenant.) C'est-à-dire non, c'est mon vin chaud qui... Enfin, n'importe !... et moi je n'ai plus qu'à lui ouvrir mes bras... et mes oreilles pour savourer ses bénédictions ! (On entend Ajax qui éternue.) Mais le voici... ne lui faisons pas faire antichambre... tendons-lui vite les unes et les autres. (Il ouvre les bras et allonge la tête comme pour mieux écouter. — Ajax sort de la chambre à gauche.)

SCÈNE IX.

AJAX, dans les habits de Childebert, entrant les bras croisés, l'air sombre et mécontent, CHILDEBERT.

AJAX, à part.

Childebert... m'a dit la bonne... Interrogeons ! (Haut à Childebert.) Le nommé Childebert, *if you please ?*

CHILDEBERT, à part.

Tiens, c'est un espagnol ! J'ai sauvé un espagnol... (Haut, reculant et ouvrant les bras) C'est moi, jeune homme (Ajax, pendant ce temps, est allé poser son chapeau sur la console.)

AJAX, d'un ton amer.

Ah ! c'est vous !

CHILDEBERT, même jeu.

Oui, jeune homme !

AJAX, à part, même ton.

C'est lui ! (Haut.) C'est vous qui, ce matin; aviez tendu des ficelles ?

CHILDEBERT.

Et qui maintenant vous tend les bras... oui , jeune homme, c'est moi qui vous ai sauvé.

AJAX, avec colère.

Vous !... (Il s'élance vers Childebert qui recule étonné, puis il s'arrête. A part.) Qu'allais-je faire ! allons, Ajax, contiens-toi... tu es un homme bien élevé et l'honneur te commande de respecter cet animal qui t'a repêché.

CHILDEBERT, à part.

L'émotion le domine ; encourageons-le (Haut.) Bien... bien... je sais... Vous venez me remercier ? Epanchez vous, bah ! allez-y. (Il ouvre les bras.)

AJAX, d'une voix sombre.

Vous remercier ! (S'approchant en grinçant des dents.) vous remer-ci-er !

CHILDEBERT, étonné.

Hein?

AJAX, se remettant.

Oui, oui, monsieur, vous avez raison... (Avec effort.) je le dois, je sais à quoi les convenances m'obligent... et, quoiqu'il me fût infiniment plus doux de vous dire des choses tout-à-fait désagréables... je m'abstiens.

CHILDEBERT.

Comment? des choses...

AJAX, avec force.

Désagreables!... mais je m'abstiens, vous dis-je... je ne vous en dirai pas... au contraire... (Il lui saisit la main et la secoue avec fureur.) au contraire! et je vous remercie... je vous remerci-e, entendez-vous?

CHILDEBERT, cherchant à se dégager.

Bien, bien! assez! assez! (Retirant sa main.) trop de remerciements!

AJAX, de même.

Voulez-vous que je vous étreigne aussi... que je vous saute au cou? (Il s'approche.)

CHILDEBERT, effrayé et reculant.

Non, inutile, merci bien.

AJAX, approchant une chaise, qu'il prend à gauche,

Alors... mettez-vous là! (Le jetant brusquement sur la chaise.) Allons, asseyez-vous! * (Allant prendre la chaise qui est près du guéridon.) et vous allez juger de l'étendue de la reconnaissance que votre philanthropie doit m'inspirer. (Poussant un rugissement sourd.) Hum!

CHILDEBERT, reculant un peu sa chaise.

Ah! mais... eh! ah! mais!

AJAX.

Oh! ne craignez rien... je l'ai promis, je ne vous dirai rien de désobligeant... non! (Il s'assied auprès de Childebert.)

CHILDEBERT.

Mais je l'espère bien, monsieur! je l'espère, saprebleu, bien!

AJAX.

Je suis un homme bien né, monsieur... (D'un ton menaçant) Malheureusement! car sans ça... (Avec un soupir.) mais vous vous êtes devoué pour moi...

CHILDEBERT, modestement.

Tout autre en voyant barbotter une créature faite à son image... (Ajax le regarde, fait un geste de colère et se contient en soupirant.) et vous-même, monsieur...

AJAX.

Certes...

<hr>

* Childebert, Ajax.

CHILDEBERT.

N'est-ce pas ? (A part.) Seulement, il me semble que j'aurais une autre manière de remercier. (Haut.) Je vous écoute, mon cher !

AJAX.

Vous saurez, monsieur Childebert... (D'un air de pitié.) Childebert ! où diable avez-vous été pêcher ce mérovingien de nom-là ?

CHILDEBERT.

C'est pas moi... c'est p'pa qui me l'a donné.

AJAX.

Enfin ! je continue... c'est-à-dire... je commence... Vous saurez donc que mes fenêtres de célibataire ouvraient sur un pensionnat de jeunes filles... (Il s'arrête et examine le costume de Childebert.)

CHILDEBERT, écoutant, après un silence.

De jeunes filles !

AJAX, changeant de ton.

Tiens ! je n'avais pas remarqué... c'est avec ce costume-là que vous allez habituellement dans le monde ?

CHILDEBERT.

Hein ? moi ? mais non !

AJAX, ricanant.

Tant pis ! (Se levant et l'examinant.) Oserais-je ne pas vous demander l'adresse de votre tailleur ?

CHILDEBERT, à part, se levant aussi.

Ah ça ! mais... il me nargue ! (Haut.) Vous me narguez, monsieur ?... et c'est encore pour vous, c'est pour vous avoir cédé ma chambre et mes habits que j'en suis réduit là ! (Il se rassied.)

AJAX.

Oh ! pardon... j'ignorais... (A part.) Allons ! encore une obligation de plus ! (Il frappe du pied avec colère.) Ah !

CHILDEBERT, sautant sur sa chaise.

Quoi !

AJAX.

Rien ! je continue cette fois... où en étais-je ? (Il se rassied.)

CHILDEBERT.

De jeunes filles... allez... de jeunes filles.

AJAX, doucement.

Ah ! parmi cet essaim, j'en avais distingué une, que je ne tardai pas à convoiter légitimement. Or, bien que doué d'éminentes qualités et de quelque fortune, je crus devoir, en outre, solliciter une place, afin de réunir aux yeux des parents plus de chance, pour obtenir la main de ma bien-aimée... (Il s'arrête et examine la figure de Childebert.)

CHILDEBERT, répétant.

Pour obtenir la main de ma bien-aimée... c'est-à-dire de votre bien-aimée... allez !

AJAX, le regardant.

Tiens ! je n'avais pas remarqué... comme vous avez le nez... pouceau ! Est-ce que c'est avec ce nez-là que vous allez habituellement dans le monde ?

CHILDEBERT, à part, se levant.

Mais il me renargue ! mais il me renargue ! (Haut.) Ah ça ! mais, vous me prévenez que vous ne me direz pas des choses désagréables... et vous m'en dites, mossieu ! Je vous préviens, moi, que vous m'en dites ? (En disant cela, il s'approche de lui.)

AJAX, se levant, le prenant, et le faisant pirouetter et s'asseoir sur la chaise qu'il vient de quitter.

Asseyez-vous donc ! * (Se rasseyant sur la chaise de Childebert, il reprend plus doucement.) Eh bien ! monsieur, pendant que je sollicitais, Séraphita disparut tout-à-coup, et il me fut impossible de savoir ce qu'elle était devenue... O Séraphita ! qu'es-tu devenue ?

CHILDEBERT.

Elle s'appelait Séraphita ? joli nom !

AJAX.

N'est-ce pas ? c'est moi qui lui ai donné.

CHILDEBERT.

Vous ?

AJAX, avec colère.

Moi ! puisque j'ignorais le sien... je lui ai donné celui-là... pour mon usage particulier... pour l'appeler dans mes rêves ! (Criant.) Comprenez-vous ?

CHILDEBERT.

Bien, bien, après ? (A part.) Quelle drôle de manière de raconter ! (Haut.) Après ?

AJAX, doucement.

Vous jugez de mon chagrin ! Mes amis, me voyant en proie à une sombre mélancolie et voulant me distraire, me conduisirent hier à un bal d'Asnières, compliqué de grisettes... Après le bal, nous soupâmes au château, le souper se prolongea jusqu'au point du jour.

CHILDEBERT, chantant.

« Au point du jour... la... la... la... »

On a fait une très-jolie romance là-dessus.

AJAX, se montant.

J'ignore ce qu'on a fait de très-joli, là-dessus... mais voilà ce que je fis, moi... je laissai ces messieurs reconduire les dames à Paris, et me jetant dans un frêle esquif, je me mis à descendre, en pensant à Séraphita, le fleuve...

CHILDEBERT, chantant.

De la vie !

AJAX, brusquement.

De la Seine ! mais mon canot, n'étant pas dirigé, heurte un

____
* Ajax, Childebert.

tronc d'arbre, chavire et... patatras !... votre serviteur très-humble... enfin... je nage... je barbotte... machinalement... me demandant si je dois ou si je ne dois pas sauver des jours qui me sont si peu chers... je crois que j'allais me décider pour ce dernier parti... je ne l'affirmerais pas, puisque je flottais encore quand, tout-à-coup, je me sens entortillé par une ficelle... impossible de m'en dépétrer... une canne se présente... je la saisis. (Il se lève.) Vous tirez... je tire... nous tirons...

CHILDEBERT, se levant.

Bref ! je vous ai tiré du danger...

AJAX, avec amertume.

Oui... mais malgré moi... oh ! malgré moi !... (Il reporte sa chaise à gauche.)

CHILDEBERT, avec force.

Est-ce que le savais ! est-ce que je le savais ! (Il reporte sa chaise près du guéridon.)

AJAX.

Je ne dis pas, mais malgré moi ! et maintenant, le devoir, la délicatesse, la reconnaissance paralysent ma langue et m'empêchent de vous... (Il lève le poing d'un air menaçant. — Childebert recule.) de vous apprendre à vous mêler de ce qui ne vous regarde pas !

CHILDEBERT, à part.

Eh bien ! il est gentil ! il est très-gentil ! (Haut.) Mais dites-donc, que je ne vous gêne pas !... reflanquez-vous à l'eau, si vous regrettez que je vous en aie tiré !

AJAX, avec amertume.

Ce que vous me dites-là est bête à couper au couteau... Vous savez bien qu'on n'est pas toujours disposé. En ce moment ça ne me dit rien, bonsoir ! (Il remonte et prend son chapeau.)

CHILDEBERT.

Tiens ! vous partez, monsieur... monsieur ?...

AJAX.

Ajax. (Il se dirige vers la porte du fond.)

CHILDEBERT, passant à gauche. *

Ajax ? va pour Ajax ! vous partez-donc, fils de Télamon ?

AJAX.

Je l'espère.

CHILDEBERT.

Eh bien ! ça me va... franchement, ça me va ! Vous m'avez donné un échantillon de votre caractère, qui... (Il ricane.) Sapristi !

AJAX, avec satisfaction et redescendant.

Oh ! c'est ça ! allez, dites toujours, vos injures me font du bien ; elles soulagent ma conscience. (Avec prière.) Encore des injures !

* Childebert, Ajax.

CHILDEBERT, remontant.

Merci, je n'ai pas le temps... (Regardant au fond.) Voici ma tante! elle vient savoir si je suis prêt. (Il se dirige vers la chambre de gauche et s'arrête.) Ah! et mes habits? est-ce que vous allez partir avec mes habits?

AJAX.

Je vous les renverrai prochainement, en faisant prendre les miens.

CHILDEBERT.

Bien! très-bien! (Il entre vivement à gauche.)

AJAX, seul.

Oui! (Se ravisant et remontant.) Ah! pardon! je préférerais que vous les fissiez prendre en me retournant les miens. (Très-haut et s'approchant de la porte de gauche.) Ajax Coussinet, **17**, rue de l'Odéon, près Paris.

SCÈNE IX.

AJAX, MADAME LAHIRE, en toilette.

MADAME LAHIRE, entrant par le fond.

Combien je me félicite, monsieur, de vous voir déjà remis! Grâce au ciel, cet accident n'aura pas eu de suites!

AJAX, saluant.

Madame, j'avais hâte de vous voir, pour vous remercier...

MADAME LAHIRE, modestement.

Monsieur...

AJAX.

Si, laissez-moi vous exprimer ma gratitude, au moment de prendre congé.

MADAME LAHIRE.

Quoi! monsieur, vous partez déjà?

AJAX.

Je l'espère... (Se reprenant.) C'est-à-dire je désespère de pouvoir rester... des affaires graves me rappellent chez moi... c'est... c'est le jour du frotteur.

MADAME LAHIRE.

J'avais espéré cependant que vous voudriez bien accepter notre petit déjeûner de famille.

AJAX, s'approchant tout d'un coup de la fenêtre et regardant.

Oh! mais oui... oh! non... c'est impossible... et pourtant...

MADAME LAHIRE.

Plaît-il, monsieur?

AJAX.

Madame! (A lui-même regardant.) Mais oui... plus de doute... c'est elle... Séraphita! c'est ma Séraphita! oh! Dieu! (A madame Lahire.) Pardon, madame! Oh! Dieu!... (Il remonte et s'arrêtant au fond, redit encore :) Oh! Dieu!... (Il sort en courant par le fond.)

MADAME LAHIRE, remontant.

Monsieur... (A elle-même.) Ah ça, mais, qu'a-t-il donc ?... a-t-on jamais vu ! me quitter ainsi ?

SCÈNE X.

CHILDEBERT, habillé, sortant de la chambre de gauche,
MADAME LAHIRE.

CHILDEBERT.

Quoi donc, ma tante ?

MADAME LAHIRE.

Ce monsieur qui, au moment où je l'engage à partager notre déjeûner, me répond par un cri sauvage... prononce je ne sais quel nom, en roulant des yeux effarés et part comme un trait !

CHILDEBERT.

Ah ! bien, ça ne m'étonne pas... il m'aura entendu venir... je lui produis cet effet-là.

MADAME LAHIRE.

Comment ? est-ce que sa tête ?...

CHILDEBERT.

Je le crois... savez-vous comment il m'a remercié ? il m'a lardé, invectivé ! j'ai vu le moment où il me battait !

MADAME LAHIRE.

Oh !

CHILDEBERT, riant.

Elle est bonne, celle-là ?

MADAME LAHIRE.

Ce pauvre jeune homme ! c'est dommage ! (Elle remonte.)

CHILDEBERT, passant à droite.*

Aussi ! si c'était à recommencer... ah ! si c'était à recommencer ! (Ajax entre vivement par le fond.)

SCÈNE XI.

LES PRÉCÉDENTS, AJAX très-joyeux ; il court à Childebert
et l'embrasse sur les deux joues.

AJAX.**

Tiens ! tiens ! accepte d'abord ce faible gage de ma gratitude, ô homme généreux ! (Il l'embrasse encore.)

CHILDEBERT, le repoussant.

Ah ça ! voulez-vous bien me laisser ? Qu'est-ce qu'il lui prend maintenant ?

AJAX.

Oui, tu as bien fait de me sauver de l'eau et de moi-même ! (Suppliant à mains jointes.) Pardonne-moi mes paroles malsonnantes de tout-à-l'heure... j'étais malheureux, et je ne savais

* Madame Lahire.
** Madame Lahire, Ajax, Childebert.

pas ce que je disais... pardon ! Veux-tu que j'embrasse tes genoux ?... (Se mettant à genoux.) M'y voici !

MADAME LAHIRE, attendrie.

Pauvre garçon !... à son âge.

CHILDEBERT, de loin, bas à sa tante.

Ça continue. (Haut, à Ajax.) Ah ça ! vous n'êtes donc pas parti ?

AJAX, se relevant.

Mais non ! je reste, je ne veux plus te quitter.

Air : *Restez, restez, troupe jolie.*

Nous sommes liés pour la vie !
Tu m'appartiens, je t'appartiens !
Quel avenir digne d'envie !
Tous mes chagrins seront les tiens,
Tous tes plaisirs seront les miens !
Si par quelque immense fortune,
Ton destin venait à changer,
Ne crains pas qu'elle t'importune...
Je t'aiderais à la manger!
Ne crains pas qu'elle t'importune...
Nous serons deux pour la manger.

Tu connais les biographies d'Euryale et Nysus, de Damon et
Pythias, de Saint-Roch et son chien ? Eh bien ?... je serai ton...
Saint-Roch.

CHILDEBERT, avec effusion.

C'est ça !... et moi, je serai ton...

AJAX.

Oui ! (Il remonte.)

CHILDEBERT, se reprenant.

Ah ! mais non !

MADAME LAHIRE, bas à Childebert.

Chut ! mon ami, ayons des ménagements.

CHILDEBERT, s'emportant.

Des ménagements ! que diable ! qu'il aille se faire soigner
ailleurs, s'il est malade !

AJAX, redescendant.

Malade ?... ah ! non pas ! grâce à Dieu ! Rassure-toi, ami,
rassurez-vous, madame... je suis plein de raison. (A Childebert.)
Tu verras, car je te dirai tout !

CHILDEBERT.

Merci ! mais...

AJAX.

Mais plus tard, oui, quand j'aurai le temps... (A madame Lahire.) Et vous, madame, daignerez-vous me pardonner aussi
mon étrange conduite ?

MADAME LAHIRE.

Monsieur... (A part.) A la bonne heure, donc !

CHILDEBERT, à part.

Je ne reviens pas de ma surprise ! bascule complète ! (Haut à Ajax.) Dites-donc, je vous aime mieux comme cela, moi ?

AJAX.

Et moi aussi, va !... et moi aussi, Childebert, dit le bon !

MADAME LAHIRE, à part.

Je crois que nous nous sommes trompés.

AJAX, à madame Lahire.

Madame, vous avez bien voulu me prier à votre déjeûner de famille, j'accepte avec le plus vif empressement. (Il remonte un peu.)

FLORENTINE, se montrant à la fenêtre, en dehors. *

M'sieu Childebert ? c'est Michel qui demande s'il faut toujours seller Antilope ?

CHILDEBERT.

Mais oui, tout de suite, je suis prêt, tout de suite. (Il remonte vers la porte du fond.)

FLORENTINE.

Bon ! (Elle se retire.)

MADAME LAHIRE, à Childebert.**

Et cette lettre, l'avez-vous préparée ?

CHILDEBERT, redescendant.

Ah ! diable !... c'est juste, je l'ai oubliée ; c'est l'affaire de cinq minutes. (a Ajax.) Vous permettez, n'est-ce pas ?

AJAX.

Comment donc ?

CHILDEBERT.

Il s'agit d'une place que j'attends pour pouvoir me marier... Ma tante vous tiendra compagnie.

MADAME LAHIRE.

Oui, mon ami, va.

AJAX.

Oui, mon ami, va.

Air : *Bras dessous, bras dessus.* (Papillottes).

ENSEMBLE.

AJAX, MADAME LAHIRE,	CHILDEBERT.
Fais surtout ton billet	J'écrirai mon billet
Avec éloquence ;	Avec éloquence ;
Et j'espère d'avance	Et j'espère d'avance
Un succès complet !	Un succès complet !

(Childebert entre à gauche, madame Lahire le conduit jusqu'à la porte.)

* Florentine, Ajax, madame Lahire, Childebert.
** Ajax, Childebert, madame Lahire.

SCÈNE XII.

MADAME LAHIRE, AJAX.

AJAX.

Cet excellent Childebert... ah ! il se marie. (Il met son chapeau sur le guéridon.)

MADAME LAHIRE.

Depuis longtemps il aime sa cousine.,. ma fille, Nathalie.

AJAX, sautant.

Hein ? votre fille... c'est votre...

MADAME LAHIRE.

Eh bien ! qu'y a-t-il d'étonnant à cela ?

AJAX, troublé.

Oui... c'est-à-dire, non ! (A part.) Ah ! sort fatal !... ce coup me manquait. Ah ! (Il se laisse tomber sur la chaise près du guéridon.)

MADAME LAHIRE, inquiète.

Qu'avez-vous ?

AJAX, doucement.

Bien ! (A part.) Childebert, mon rival ! et je ne puis lui rendre tout le mal qu'il ne m'a pas fait !

MADAME LAHIRE.

Serait-ce l'annonce de ce mariage qui vous a troublé ?

AJAX, se levant.

Eh bien ! oui, madame ! Childebert est mon ami, mon sauveur... et je veux qu'il soit heureux, moi !...

MADAME LAHIRE.

Eh bien ! puisqu'il aime ma fille.

AJAX.

En êtes vous bien sûre ?

MADAME LAHIRE.

Quoi ! monsieur, auriez-vous quelques raisons de croire... de supposer ?...

AJAX.

Je crois, madame, que vous voulez ainsi que moi le bonheur de ces enfants ?

MADAME LAHIRE.

Si je le veux, juste ciel !

AJAX.

Eh bien si ! Childebert épouse sa cousine, il ne pourra pas l'être... heureux ? Childebert ne l'étant pas, moi qui l'aime, je ne le serai pas ; votre fille voyant Childebert malheureux, ne sera pas heureuse ; Childebert voyant sa femme malheureuse, le sera... (Mouvement de madame Lahire.) Il le sera, madame... et vous, la plus tendre des mères... (Il lui serre la main et ajoute d'une voix attendrie et presque larmoyante.) en voyant tous ces malheurs-là... serez-vous heureuse, madame, hein ? pensez vous l'être... heureuse ?

SCENE XII.

MADAME LAHIRE.

Il est certain... que... si... mais... je ne comprends pas bien encore... veuillez m'expliquer?

AJAX.

Prenez un autre gendre, faites cela pour moi... Ah ! je sais moi, le jeune célibataire qui vous conviendrait... Il connaît votre fille depuis longtemps ! il l'adore !

MADAME LAHIRE, étonnée.

Ah !

AJAX.

De plus, il est à la tête de 1687 fr. 65 c. de rente, quatre et demi.

MADAME LAHIRE.

Et vous le connaissez ?

AJAX.

Parbleu !

MADAME LAHIRE

Son nom ?

AJAX.

Ceci est tout bonnement impossible.

MADAME LAHIRE.

Impossible ? voyons, monsieur... tâchons de causer un peu raisonnablement... Je ne tiens pas absolument à marier ma fille à mon neveu... (Avec un petit soupir.) au contraire.

AJAX, avec joie.

Vrai ?

MADAME LAHIRE.

Surtout, si cette union doit les rendre malheureux !

AJAX.

Bravo !

MADAME LAHIRE.

Alors, ce jeune homme c'est...

AJAX.

Eh bien, madame, c'est... non, non, je ne puis en dire davantage, sans frelater la délicatesse, et pour ne pas céder à la tentation, je m'en vais. (Il prend son chapeau sur le guéridon.)

MADAME LAHIRE.

Après déjeûner, au moins.

AJAX.

Avant, madame, avant. J'ai déjà trop reçu ici, ma conscience est suffisamment bourrelée. (Il remonte.)

MADAME LAHIRE, avec humeur.

Ah ! tenez, monsieur, faites ce que vous voudrez. (Passant à droite.) c'est moi qui vous laisse, car, avec vos confidences, vos contradictions, vous finiriez par me faire tourner la tête aussi.

* Ajax, madame Lahire.

AJAX, avec galanterie.

Oh ! belle dame, ce serait une gloire... un triomphe.

MADAME LAHIRE, à part, avec plaisir.

Ah !... (Haut.) adieu, monsieur... ou au revoir, comme il vous plaira.

Air : *Vive un bal au jardin d'Hiver.*

ENSEMBLE.

AJAX.

Si je ne vous ai rien appris,
C'est que vous n'avez pu comprendre,
J'aurais voulu me faire entendre,
Car ce n'est pas un parti pris.

MADAME LAHIRE.

Puisqu'ici je n'ai rien appris,
Et qu'en vain je cherche à comprendre,
De vous je ne veux rien entendre,
Je le vois, c'est un parti pris !

(Madame Lahire, sort par la droite.)

SCÈNE XIII.

AJAX, seul.

Elle n'a pas compris un seul mot, et, franchement, à sa place j'en aurais fait tout autant. Voilà une jeune fille que j'aime... et je ne puis demander sa main, parce que j'ai précisément pour rival son affreux parent que je déteste et que pourtant... je suis obligé d'aimer ?... Oublier les bienfaits de cet animal serait fouler aux pieds toutes les lois de la reconnaissance ?... ce serait rester au dessous du lion d'Androclès ! je ne le puis ! non, non, je ne le puis.

SCÈNE XIV.

AJAX, NATHALIE.

NATHALIE, entrant par le fond.

Eh bien ? monsieur, avez-vous parlé à ma mère ?

AJAX.

Ah ! c'est vous, vous, Séraphita.

TATHALIE.

Encore !... Nathalie, monsieur, je vous l'ai déjà dit, Nathalie.

AJAX.

Nathalie... c'est juste ! pardon ! je préférerais Séraphita... Enfin, je veux bien faire cette concession à votre marraine... Oui, Séraphita, je l'ai vue votre mère; mais, hélas ! ma position est telle que j'ai dû ne pas lui dire ce que j'eusse voulu ne pas lui taire... et lui taire ce que j'eusse voulu lui dire.

NATHALIE.

C'était bien simple cependant... Il fallait lui dire que je n'aimais pas mon cousin.

AJAX, avec joie.

Quoi vrai ! vous n'aimez pas... ô bonheur. . (Il lui baise les mains. — Changeant de ton.) Je m'en doutais, mais cela ne suffit pas ! oh ! Séraphita !

NATHALIE, souriant.

Toujours ?

AJAX.

Laissez-moi vous appeler Séraphita, qu'est-ce que ça vous fait ?

NATHALIE.

Rien, rien... continuez.

AJAX.

Merci... ô Nathalie ! moi qui étais si heureux de vous retrouver... voilà qu'il faut que je vous perde de nouveau !

NATHALIE, vivement.

Parce que vous le voulez bien, monsieur ?

AJAX.

Oh !

NATHALIE.

Par votre faute !

AJAX, se récriant.

Par ma faute !... oh Dieu !

NATHALIE, de même.

Sans doute ; il fallait ajouter que si je n'aimais pas mon cousin, c'est...

AJAX.

C'est ?...

NATHALIE.

C'est que...

AJAX, vivement.

N'achevez pas !... oh ! non ! n'achevez pas.

Air : *Cependant je doute encore.* (Une passion.)

Ce mot, que vous alliez dire,
Me ferait faire un malheur !

NATHALIE.

Comment ?...

AJAX.

Craignez mon délire,
En apprenant mon bonheur !
Si de m'aimer je vous prie...

NATHALIE.

Eh bien ?

AJAX.

Ferme ! tenez bon !
Résistez, ma douce amie ;
C'est moi qui vous en supplie.

Répondez non ! toujours non !
Ou craignez pour ma raison !

NATHALIE, *étonnée.*

Quoi ! je dois répondre non ?

ENSEMBLE.

AJAX.

Ou craignez pour ma raison !

NATHALIE.

Mais vous perdez la raison !

(*Ajax remonte.*)

NATHALIE, passant à gauche. *

Mon Dieu ! qu'est-ce que tout cela signifie ?

AJAX, redescendant.

Mais vous oubliez donc que je lui dois la vie... à ce Childebert ? qu'il vous aime ?

NATHALIE.

Ah ! c'est vrai !

AJAX.

Est-ce que je puis honnêtement vous enlever à lui ?

NATHALIE.

Mais aussi, pourquoi allez-vous tomber à l'eau ?

AJAX.

Est-ce que vous n'étiez pas perdue pour moi ?

NATHALIE.

Quoi ! ce serait ?...

AJAX.

Oh ! si j'avais la chance qu'il se noyât à son tour !... mais comme c'est invraisemblable, mon Dieu !

NATHALIE.

Hélas ! je n'avais pas songé à cela.

AJAX.

S'il pouvait avoir un duel sur les bras, je me battrais à sa place... Tiens ! c'est une idée, je vais le provoquer. (Avec amertume.) Oh ! que je suis bête ! je ne pourrais pas me battre à sa place.

SCÈNE XV.

LES MÊMES, FLORENTINE.

FLORENTINE, entrant en courant par le fond. *

M'sieu Childebert ? le cheval est prêt. Tiens ! il n'est pas là ?

AJAX.

Il paraît qu'il écrit une lettre, depuis une demi-heure... (Avec ironie.) Quelle facilité !

* Nathalie, Ajax.
* Nathalie, Florentine, Ajax.

FLORENTINE, à demi-voix à Nathalie.

Eh bien ! mademoiselle , a-t-il parlé ?

NATHALIE.

Il m'aime, mais il ne veut pas m'épouser.

FLORENTINE, à Ajax.

Oh ! monsieur ! fi ! fi !

AJAX.

Comment ? fi ! fi ! distinguons ! je ne peux pas... oh ! sans cela... tout de suite !

NATHALIE, à Florentine.

Il ne veut pas affliger Childebert, qui, ce matin, lui a sauvé la vie.

FLORENTINE.

Ce n'est que cela !

AJAX.

Comment, que cela ? la vie ?

FLORENTINE.

Je ne dis pas, mais c'est pas une raison pour chagriner mademoiselle... (A Nathalie.) Et puis d'ailleurs si monsieur Childebert, en sachant que vous ne l'aimez pas, renoncait de lui-même a votre main, mam'zelle ?

AJAX.

C'est une idée !

NATHALIE.

Oh ! je n'oserais jamais lui dire... maman me gronderait trop !

FLORENTINE.

Tiens ! je lui dirais bien, moi. (A Ajax.) Et vous ?

AJAX.

J'aurais ce triste courage.

FLORENTINE.

Il est plus facile de lui dire : je ne vous aime pas... que : je vous aime...

NATHALIE.

Oh ! oui... mais...

AJAX.

Eh bien ! puisque c'est notre dernière planche de salut, je me décide, je le dirai !

TOUTES DEUX, sautant de joie.

Oh ! quel bonheur !

NATHALIE, à Ajax.

Nous allons vous attendre... Viens, Florentine.

FLORENTINE.

C'est ça ! (Bas à Nathalie.) Ainsi, mam'zelle, vous êtes bien sûre que ce n'est que pour ça qu'il ne veut pas vous épouser ?

NATHALIE, bas.

Certainement.

FLORENTIN, bas.

Oh ! bien, alors... j'ai encore une autre idée.

NATHALIE, bas.

Comment ?

FLORENTINE , bas.

Chut ! vous verrez !

AJAX, s'approchant.

Quoi !

FLORENTINE.

Rien ! (A Nathalie.) Partons, mademoiselle !

Air : *Cœur généreux*. (Nuit orageuse.)

ENSEMBLE.

Partons }
Partez } sans bruit ;

De tout qu'il soit instruit :

Confiance,

Espérance !

Puisse en ce jour,

L'aveu de { notre } amour
       { votre }

L'éloigner et sans retour !

(*Nathalie et Florentine sortent par le fond.*

SCÈNE XIV.

AJAX, puis CHILDEBERT.

AJAX, réfléchissant.

Oui, c'est cela... avec des ménagements... beaucoup de ménagements ! (childebert sort de la chambre de gauche et va pour sortir par le fond, une lettre à la main.) Childebert ?

CHILDEBERT, s'arrêtant. *

Hé !

AJAX.

Deux mots ?

CHILDEBERT.

Vous savez bien que je suis pressé... plus tard !

AJAX.

Deux mots seulement, tu m'as sauvé la vie !

CHILDEBERT, à part.

Ah ! bon ! ça va recommencer.

AJAX, avec solennité.

A moi de te sauver l'honneur !

CHILDEBERT, s'approchant.

L'honneur ?

AJAX.

Tu te prépares, m'a-t-on dit, à épouser ta cousine ?

---

  * Childebert, Ajax

CHILDEBERT.

Mais oui je m'y prépare, et vous me rappelez que je viens de préparer cette lettre... (Fausse sortie.)

AJAX, le retenant.

Un instant; t'aime-t-elle, ta cousine ?

CHILDEBERT, avec fatuité.

Heu! heu! je le crois!...

AJAX, avec force.

Eh bien! non!... j'ai interrogé... et j'ai acquis cette lamentable conviction : ta cousine ne t'aime point et ne t'aimera jamais

CHILDEBERT, sautant.

Jamais! allons-donc!

AJAX.

Veux-tu parier ? je te parie douze cent mille francs ?

CHILDEBERT, se fâchant.

Je vous dis que non!

AJAX.

Combien, alors ?

CHILDEBERT, criant.

Comment! c'est là le service, que vous venez me rendre ? vous venez me dire tranquillement que ma future ne m'aime pas!

AJAX.

J'ajouterai même que si elle ne t'aime pas... c'est que... (Il s'arrête.)

CHILDEBERT.

C'est que... quoi? parlez-donc!

AJAX.

C'est qu'elle en aime un autre!

CHILDEBERT.

Un autre? (Criant.) Ah ça! mais... saprebleu! voulez-vous bien me laisser tranquille, à la fin ?

AJAX.

Ainsi, après l'aveu que je viens de te faire, tu persistes à l'épouser ?

CHILDEBERT.

Plus que jamais, entendez-vous ? plus que jamais! (A part.) Fichtre! que je suis donc fâché d'avoir tiré ce gaillard-là de l'eau!

SCÈNE XVII.

Les Précédents, MADAME LAHIRE.

MADAME LAHIRE, entrant par le fond. *

Mon Dieu! qu'y a-t-il? quel est ce bruit?

* Childebert, madame Lahire, Ajax.

AJAX.

Rassurez-vous, madame, je prenais congé de Childebert ; je
lui faisais mes remerciements.

CHILDEBERT.

Ah ! oui... ah ! oui... et des jolis !

MADAME LAHIRE, à Childebert.

Comment, tu es encore là ? voilà une heure que ton cheval
est prêt.

CHILDEBERT.

Et moi aussi, ma tante.

AJAX.

Et cette fois, madame, recevez mes véritables adieux.

CHILDEBERT.

Les véritables... les derniers... bien sûr ?

AJAX.

Oh !

CHILDEBERT.

Ah ! c'est heureux !

MADAME LAHIRE, faisant une révérence..

Monsieur...

AJAX, saluant.

Madame ! (A part.) O sort jaloux ! allons !

Air : *Jurons, jurons.* (Corde sensible.)

ENSEMBLE.

AJAX.

Allons, (*ter.*)
L'heure a sonné, partons !
Plus d'espérance,
Qu'elle existence !
Plus de bonheur ! (*bis.*) et de ces lieux
Je pars, (*bis.*) mais bien malheureux.

MADAME LAHIRE, CHILDEBERT.

Allons, (*ter.*)
Quand nous nous séparons,
Bonne espérance,
Et confiance !
Puisqu'il le faut, (*bis.*) loin de ces lieux,
Partez, (*bis.*) et soyez heureux !

(*Childebert et Ajax sortent par le fond.*)

SCÈNE XVIII.

MADAME LAHIRE, seule, regardant sortir Ajax.

Certainement la conduite de ce jeune homme est étrange...
et pourtant il y a dans tout cela certaines choses... j'interroge-
rai Nathalie ! (Tout en disant cela, elle s'est dirigée vers la fenêtre
et l'a ouverte. — Regardant au dehors.) Ah ! voilà mon neveu à.

cheval, qu'il est bien ainsi!... Ah! mon Dieu! comme Antilope
se cabre, c'est étonnant! cet animal si doux d'habitude... (On entend Florentine rire aux éclats.) Et conçoit-on? cette Florentine
qui rit... Ah! encore! (Criant.) Childebert, mon ami, descends!
Ah! mon Dieu! il s'est emporté! (Quittant la fenêtre.) Ah! c'est
fait de lui! je n'y survivrai pas! (Elle se trouve presque mal et
tombe assise à gauche.)

SCÈNE XIX.

MADAME LAHIRE, assise, FLORENTINE, accourant effarée
et hors d'haleine, par le fond.)

FLORENTINE.

Ah! seigneur... ah! madame... si vous saviez...

MADAME LAHIRE.

Oui, oui, j'étais là... j'ai vu...

FLORENTINE.

J'en suis encore toute tremblante! mes jambes s'en vont...
(Elle s'assied près du guéridon.)

MADAME LAHIRE.

Au nom du ciel! qu'est-il arrivé?

FLORENTINE.

Monsieur Childebert... madame... là... au tournant de la
route...

MADAME LAHIRE, avec désespoir.

Ah! cette fois, il s'est tué!

FLORENTINE.

Pas encore, madame... mais il a bien manqué... et sans ce
monsieur, vous savez?...

MADAME LAHIRE, se levant.

Eh bien!

FLORENTINE, se levant aussi.

Il s'est jeté à la tête du cheval, qui vous l'a enlevé comme
une botte de foin, en faisant comme ça... (Elle indique qu'il s'est
cabré.) et puis comme ça... (Elle indique qu'il a rué en faisant un
écart.)

MADAME LAHIRE, épouvantée.

Mon Dieu!

FLORENTINE.

Et puis! patapatapaplof! ils ont roulé tous les trois dans la
poussière... lui, Antilope et m'sieu Childebert...

SCÈNE XX.

LES PRÉCÉDENTS, NATHALIE, AJAX, CHILDEBERT.

(Ajax porte Childebert en bon vinaigre. — Ils sont couverts tous deux
de poussière. — Air de la galopade à l'orchestre.)

MADAME LAHIRE, allant à Ajax. *

Ah! monsieur, quel courage!

* Madame Lahire, Nathalie, Ajax, Childebert, Florentine.

FLORENTINE, prenant un fauteuil au fond et l'apportant sur le devant
à Ajax.

Tenez, monsieur... dans ce fauteuil. (Ajax dépose Childebert
dans le fauteuil.)

MADAME LAHIRE, à Nathalie.

Ah ! ma fille ! c'est le jour aux évènements ! vite, un flacon.

NATHALIE.

Oui, maman. (Elle entre à droite et revient de suite avec un flacon qu'elle donne à Florentine ; puis elle reprend sa place à la droite
de madame Lahire.)

AJAX, soutenant Childebert qui est assis.

Eh bien ?... ça va-t-il mieux ? ça n'est rien, va, ça n'est
rien !

CHILDEBERT.

Où suis-je ?

AJAX. *

Dans mes bras, à ton tour, tu es dans mes bras ?

CHILDEBERT, se soulevant, aidé par Ajax.

Que s'est-il passé ?... ah ! oui... je me souviens ? et c'est
toi... toi, mon sauveur !

AJAX, le soutenant.

Oh ! oui... n'est-ce pas, ton sauveur !... répète encore ce
mot si doux !... Madame, écoutez bien. (A Nathalie.) Mademoiselle, approchez. (A Florentine.) Toi aussi, la bonne. (A Childebert.) Répète, Childebert, répète encore une fois.

CHILDEBERT.

Oh ! oui ! mon sauveur !

AJAX.

Vous l'avez tous entendu ?... là ! (Il le laisse retomber sur le fauteuil.) Cela suffit.

CHILDEBERT, criant.

Aïe !

MADAME LAHIRE.

Mais, monsieur, voyez. (Elle veut aller à Childebert.)

AJAX, l'arrêtant tranquillement.

Non, laissez-le... ça ne sera rien. (Avec chaleur.) Et maintenant, je puis parler. Il m'a sauvé, je l'ai sauvé... il m'a apporté
sur son dos, je l'ai rapporté sur mon dos... nous sommes
quittes... je ne lui dois plus rien, pas une obole, pas un coup
de chapeau... rien, quoi ! rien !

CHILDEBERT, repoussant le flacon que Florentine lui met sous le nez.

Ah ! pouah ! (Florentine sort par le fond.)

AJAX, à madame Lahire. **

Madame, vous me demandiez tantôt le nom de l'homme déli-
cat qui adorait votre fille en silence ? Eh bien ! ne le devinez-
vous pas... à sa joie, à son bonheur... qui éclatent dans mes
yeux ?...

* Nathalie, madame Lahire, Ajax, Childebert, Florentine.
** Nathalie, madame Lahire, Ajax, Childebert.

MADAME LAHIRE.

Quoi, monsieur... ce serait vous?

NATHALIE.

Mais oui, maman.

AJAX, imitant la voix de Nathalie.

Mais oui, maman.

CHILDEBERT, regardant Ajax.

Sa mère? ma tante!

AJAX, à madame Lahire.

Et j'ai l'honneur de vous demander... ah! un instant... (Il s'aperçoit qu'il n'a pas de gants, se retourne, en prend un des mains de Childebert et, se hâtant de le mettre, continue.) de vous demander la main de votre fille?

CHILDEBERT.

Hein? qu'est-ce qu'il dit?

MADAME LAHIRE, à Nathalie.

Et tu aimes... monsieur?

NATHALIE, baissant les yeux.

Dame! maman...

CHILDEBERT, se levant.

Ah ça! mais...

AJAX, le rejetant dans son fauteuil.

Laisse-moi faire!

CHILDEBERT, criant.

Aïe!

AJAX, à madame Lahire.

Madame, je ne suis pas le premier venu... j'ai des papiers. (Il fouille dans sa poche.) Je dois même avoir sur moi une lettre de mon oncle qui me fait espérer une place que j'ai sollicitée... je vais vous la lire. (Il prend dans sa poche une lettre et lit.) « Mon « cher ami, tu me dis que si tu ne peux épouser ta cousine, tu « te décideras. » (S'interrompant.) Mais non! ce n'est pas à moi.

CHILDEBERT.

Parbleu, c'est à moi... cette lettre m'appartient, vous êtes dans mon habit. (Il se lève.)

AJAX, le rejetant dans son fauteuil.

Ah! pardon.

CHILDEBERT, criant.

Aïe!

AJAX, à madame Lahire.

C'est juste. (A Childebert.) Je m'arrête, mon ami, je m'arrête. (Lisant à part.) « Tu te décideras à épouser ta grosse coquette « de belle tante. » (Bas à Childebert, en lui serrant la main.) Tiens, c'est une idée... je vais faire ta demande.

CHILDEBERT, bas.

Un moment, sapristi!

AJAX, bas.

J'ai déjà préparé les voies tantôt (Haut, à madame Lahire.)

Madame, ne vous ai-je pas donné à entendre... que ce bon,
Childebert n'aimait pas sa cousine...

MADAME LAHIRE.

En effet...

CHILDEBERT , se levant.

Permettez... je...

AJAX, le rejetant dans son fauteuil.

Laisse-moi donc faire ton bonheur !

CHILDEBERT, criant.

Aïe !

MADAME LAHIRE, à Ajax.

Eh bien ?

AJAX.

Eh bien... s'il ne l'aime pas... c'est que son cœur appartient à une autre... mais qui lui ressemble autant qu'une fille...
peut ressembler à sa...

MADAME LAHIRE.

Hein ?

AJAX.

Oserai-je achever ?

MADAME LAHIRE, avec dignité.

Monsieur !

AJAX.

Non ?

MADAME LAHIRE, avec épanchement.

Si ! osez... à sa...

AJAX.

A sa mère... à vous !

MADAME LAHIRE, allant à Childebert.

A moi ! quoi !... Childebert !

CHILDEBERT, à part, se levant.[*]

Gredin.

MADAME LAHIRE, à Childebert, d'une voix attendrie.

Il serait possible. tu m'aimes... vous m'aimez ?

AJAX.

Lisez plutôt... (Il lui donne la lettre.)

CHILDEBERT, prenant vivement la lettre des mains de
madame Lahire.

Inutile ! (A madame Lahire.) Je l'avoue... oui, belle tante...
oui... (A part.) Quelle fichue idée j'ai eue de le tirer de l'eau !

FLORENTINE, accourant par le fond, une grande lettre à la main.[*]

Madame ? madame ? c'est une grande lettre qu'un fantassin
à cheval vient d'apporter pour monsieur Childebert... il demande un reçu. (Elle donne la lettre à Childebert, reporte le fauteuil au fond et redescend à l'extrême gauche.)

CHILDEBERT, ouvrant la lettre.

Une dépêche, pour moi... du ministère ? c'est ma place !

MADAME LAHIRE, à Childebert. [*]

Enfin ! lisez !

CHILDEBERT, lisant.

« Monsieur, j'ai le regret de vous annoncer que votre de-
« mande n'a pu être accueillie comme je l'avais espéré... »
Hein ? (Continuant.) « La place de receveur que vous sollicitiez
« ayant été donnée à monsieur Ajax Coussinet qui en avait fait
« la demande avant vous ! »

AJAX, avec éclat.

Moi ! je suis nommé !

NATHALIE.

Quel bonheur !

CHILDEBERT.

Encore lui ! sacrrr... (A part.) Ah ! mais quelle fichue idée !
quelle fichue idée !

AJAX, à Childebert.

Voyons, voyons, beau-père... sans rancune... (Allant à lui et
lui prenant la main,** sans rancune ! Je ne te dois plus rien, tu
le sais... eh bien !... (Prenant la main de madame Lahire et l'unis-
sant à celle de Childebert.) c'est une avance que je te fais ! (Il
retourne auprès de Nathalie.)

NATHALIE, bas à Florentine. [***]

Dis-donc, Florentine, mais comme c'est heureux qu'Antilope
se soit emportée et qu'à son tour monsieur Ajax ait pu sauver
mon cousin ?

FLORENTINE, bas.

Je crois bien, mam'zelle, que c'est heureux ! j'avais mis une
épingle sous la selle.

NATHALIE, bas.

Hein ?

AJAX, qui s'était approché d'elles.

Ah bah !

NATHALIE et FLORENTINE, bas.

Chut !

AJAX, bas.

C'est juste... que ce secret meure avec nous !

CHŒUR.

Air de polka. (HENRY POTIER.)

Désormais
Plus de contrainte,
Ni de crainte.
Le succès
A couronné tous nos projets.

[*] Florentine, Nathalie, Ajax, madame Lahire, Childebert.
[**] Florentine, Nathalie, madame Lahire, Ajax, Childebert.
[***] Florentine, Nathalie, Ajax, madame Lahire, Childebert.

AJAX, au public.

Air du *Baiser au porteur*.

Pour parvenir au but qu'on se propose,
L'intention ne suffit pas toujours !
L'auteur pourtant aura gagné sa cause,
Si vous venez ce soir à son secours ;
Daignez, messieurs, venir à son secours.
Convenez-en, nous n'avions d'autre envie
    Que celle de vous divertir...
Certes, c'est là de la philanthropie !
    Nous en ferez-vous repentir ?
    Ah ! de notre philanthopie
    Ne nous faites pas repentir !

REPRISE DU CHŒUR.

FIN.

Clermont (Oise). — Imp. A. DAIX.